OKINAWA
# 豆腐×*magic*
## =Healthy & Beauty

新崎 亜子

## ごあいさつ

　古くから日本人の食卓に当たり前のように並んでいたお豆腐が、今では日本の誇るスーパーフード、ヘルシー食材として注目されるようになりました。

　わが家の3人の男の子たちも、離乳食が始まった頃は裏ごしをしたお豆腐を、幼児食になると角切りにした島豆腐を手づかみで毎日のように食べていたものです。

　各地域には独特の食文化があり、お豆腐の形も硬さも味わいもそれぞれ。各地のお豆腐文化を楽しむことも、新しい美味しさの発見につながります。

　沖縄の島豆腐は、塩を加えて水分をしっかり抜いた1丁1kgもある硬めのお豆腐です。暑さの厳しい沖縄でも日持ちが効き、ミネラル分を補給できるようにとの先人の知恵から生まれたこのお豆腐は、今も昔も沖縄県民にはなくてはならない伝統食材なのです。

　お豆腐はそのまま召し上がっていただいてもとても美味しいですが、アレンジ力抜群のお豆腐を日々の食卓、メニューに取り入れていただけるよう、全身全霊、愛をこめて『豆腐×magic』に挑みました。美味しいものはハイカロリー、そんな常識を覆すようなヘルシーなお豆腐料理の数々をご紹介しています。

　お豆腐は美容と健康に役立つエストロゲンと同じ働きをするイソフラボンのほか、良質なたんぱく質や脂質をたっぷり含んでいます。必須アミノ酸をバランスよく含み、成人病などの増加を予防する日本の機能性食品。ちょっと食べすぎてしまった時には、GI値（糖質）の低いお豆腐に置き換えてみてはいかがでしょう。少しの工夫で体調のコントロールができる簡単なレシピをお楽しみいただけたらうれしく思います。

料理家／豆腐料理研究家　新崎亜子

# CONTENTS

- ごあいさつ …………………………………………… 02
- もくじ ………………………………………………… 04
- 豆腐の種類 …………………………………………… 06
- 世界の豆腐事情 ……………………………………… 08
- 豆腐の調味料 ………………………………………… 10

## 1 絹ごし豆腐のレシピ

| 頁 | レシピ |
|---|---|
| 12 | プレーン冷ややっこ |
| 12 | エビときゅうりのやっこ |
| 12 | イタリアン冷ややっこ |
| 13 | アミューズジュレやっこ |
| 14 | 梅ソースで和風サラダ |
| 15 | スモークサーモンのパテ |
| 15 | アボカドのパテ |
| 16 | やみつきCHEESE豆腐 |
| 16 | 絶品おつまみ たぬきやっこ |
| 17 | カニ玉豆腐 |
| 18 | TOFU入りピザ生地でサラダPIZZA |
| 20 | 豆腐と卵のササッとどんぶり |
| 21 | 豆腐とコーンの中華スープ |
| 21 | リコピンふんわりスープ |
| 22 | ごまタップリ豆乳坦々豆腐 |
| 23 | チゲ風SPICY鍋 |
| 24 | 豆腐のマヨネーズ風ソース |
| 25 | TOFU de みたらし団子 |
| 26 | 基本のTOFUクリーム |
| 27 | トロピカルフルーツチアシード |
| 28 | ココナッツクリームパンケーキ |
| 29 | ヘルシーティラミス |
| 30 | チョコバナナアイス |
| 31 | フルーツ豆花 |

## 2 木綿豆腐（島豆腐・おぼろ豆腐）のレシピ

| 頁 | レシピ |
|---|---|
| 34 | ローカロリーシューマイ |
| 35 | アチコーコー麻婆豆腐 |
| 36 | イタリアン春巻 |
| 36 | 和風春巻 |
| 37 | GO-YAちゃんぷる〜 |
| 38 | お肉みたいなふ〜ちゃんぷる〜 |
| 38 | ピリ辛TOFUちゃんぷる〜 |
| 39 | 沖縄風味噌汁 |
| 40 | 葉野菜の白和え〈ハンダマ〉 |
| 40 | 葉野菜の白和え〈ヨモギ〉 |
| 40 | ITALIANな白和え |
| 41 | わが家のワンパク炒り豆腐 |
| 42 | TOFUのオイル漬け |
| 43 | 揚げ出し豆腐・モズクあん |
| 43 | 揚げ出し豆腐いろいろ |
| 44 | ふんわりハンバーグ |
| 44 | 冷凍TOFUでさっくり唐揚げ |
| 45 | タコTOFUライス |
| 46 | テリヤキTOFU |
| 47 | TOFUのベジ焼き〈お好み焼き風〉 |
| 48 | だし汁でいただくゆし豆腐 |
| 49 | ゆし豆腐そば |

## 3 厚揚げ・油揚げのレシピ

- 52　厚揚げのチリソース
- 52　ヘルシー魯肉飯
- 53　厚揚げのアヒージョ
- 54　明太グリル
- 55　油揚げPIZZA
- 56　油揚げのワンパクサンド

## 4 豆乳のレシピ

- 58　豆乳がゆ
- 59　豚骨風ラーメン
- 60　トマトの豆乳ポタージュ
- 60　冬瓜の豆乳ポタージュ
- 61　クラムSOYチャウダー
- 61　ヨモギの豆乳ポタージュ
- 62　基本のホワイト豆乳ソース
- 62　トマトクリームのショートパスタ
- 63　ナスとトマトのラザニア
- 64　ホワイトCHEESEトースト
- 64　カルボナーラ風パスタ
- 65　ブルーベリー＆チアシードの SOYスムージー
- 65　マンゴー＆ラズベリーの SOYスムージー
- 66　SOY MILKパンケーキ
- 67　豆乳のスノーホワイトチョコプリン

## 5 おからのレシピ

- 70　カレー風味のおから煮
- 71　おからと豆のカレー
- 72　おからのヘルシーサラダ 〈ポテト／パンプキン／ヨーグルト〉
- 73　おからのフムス
- 73　おからのクリーミーマッシュ
- 74　おからのポテトフライ風
- 74　おからのふんわりナゲット
- 75　おからの磯辺餅風
- 75　おからのさつま揚げ
- 76　おからのクッキー
- 76　おから茶
- 77　低糖質のガトーショコラ

- 78　お豆腐ができるまで （有限会社池田食品）

---

*1 材料には豆腐の種類も記載していますが、作り方では「豆腐」と表記しています（ゆし豆腐以外）。

*2 レシピ内では「きび砂糖」を使っていますが、お好みのお砂糖をお使いください。量などもお好みで調整してください。

*3 本書では、私の大好きな作家さんの「やちむん」＝器にもぜひ目を止めてみてください。お料理を引き立ててくれる器もひとつひとつにこだわりました。息子が通う特別支援学校の生徒さんの作品も含まれています。

豆腐ってこんなにたくさんあるんです！

# 豆腐の種類

### 1　木綿豆腐

穴の空いた型箱に木綿の布を敷き、豆乳に凝固剤を加えて流し入れ、圧搾して成型された豆腐を水にさらす製法です。表面に布目柄が付いたことが名前の由来。

### 2　絹ごし豆腐

やわらかで滑らかな食感のお豆腐です。木綿豆腐のように型箱での圧搾をせず、凝固剤を入れて穴のない型箱で布を敷かずに固める製法です。

### 3　島豆腐

沖縄県で作られる硬い豆腐。木綿豆腐の一種で、豆乳とにがり、塩で作る生絞り製法です。水分が少なく、温かいままの販売も県内では許可されています。

### 4　ゆし豆腐

島豆腐を固める前のお豆腐を、水切りしないでカップや袋に入れ、水分もそのまま梱包したもの。本土ではおぼろ豆腐と呼び、ザルにあけたものをザル豆腐と呼びます。

---

**Q** 一番おいしいやっこの温度は？

**A** 17℃～19℃。冷蔵庫から出して20分程度置くと、大豆の油分が溶け出して独特の甘みを感じることができます。

■ **しっかり水切り**：バットにキッチンペーパーを敷いて豆腐をのせ、まな板などで重しをして1～2時間おきましょう。まな板が軽い時には豆腐のパックに水を入れて重石代わりに。キッチンペーパーはときどき取り換えましょう。

■ **軽く水切り**：ザルにキッチンペーパーを敷いて豆腐をのせ、10分ほどおいて自然に出る水気を除きます。

| 5 | 油揚げ |

濃度の低い豆乳で造った薄い生地を、160℃前後の油で揚げたもの。地域によって形や製法は異なります。いなり寿司やみそ汁の具、総菜などに広く活用されています。

| 6 | 厚揚げ |

木綿豆腐や絹ごし豆腐をしっかり水切りし、170℃前後の油で揚げたもの。生揚げとも呼ばれ、煮物や炒め物などの具として親しまれています。

| 7 | 生おから |

豆腐や豆乳を作るときの副産物。大豆由来の豊富なたんぱく質や食物繊維を含み、腸内健康に有効なオリゴ糖を生成することから利活用が進んでいます。

| 8 | 豆乳 |

豆腐の製造過程でできるもので、豆乳、調整豆乳、豆乳飲料の3種類があります。大豆の栄養成分であるたんぱく質、オリゴ糖、イソフラボン、鉄が豊富です。

■油揚げ(厚揚げ)は油抜きを!
　油揚げ(厚揚げ)は時間が経つにつれて表面の油が酸化してしまいます。油抜きのひと手間で、味もしみ込みやすくなり美味しくいただけます。
❶鍋に湯を沸かし、油揚げ(厚揚げ)を入れて1分程度加熱する。
❷①をザルにあけ、キッチンペーパーでしっかり水気を取る。

■賞味期限:美味しさ・風味のめやす。比較的日持ちのするものに付けられます。その日が過ぎても食べられなくなるわけではありません。
■消費期限:衛生上の安全のめやす。未開封でもその日までに食べ切ってください。

世界中で愛されるTOFUリポート
# 世界の豆腐事情

世界各国で TOFU と呼ばれるほど親しまれている日本のスーパーフード。どこでどんなお豆腐が食べられているのでしょう？ 日本は私の母の故郷である仙台から、世界はオアフ島、マウイ島（ともに米国ハワイ州）、スイス、イタリアに在住している豆腐マイスターさんから、それぞれリポートしていただきました。

 日本　　　　　　　　　　　　　　有限会社上村商店四代目　上村修治さんよりレポート

　明治12年（1879年）の創業以来、近代化・衛生化を取り入れつつも初代からの製法を守り、精神を受け継ぎ、自然との調和を大切にした昔ながらのお豆腐を作り続けています。原料は選び抜かれた大豆、天然水、ニガリだけ。ひとつひとつ心を込めてていねいに作り上げた本物のお豆腐です。伝統あるクオリティの高いお豆腐をどうぞ。

http://uemuratofu.com/

 オアフ島　　　　　　　　　　　　豆腐マイスター　上原美砂さんよりレポート

　地元民に愛されている「アロハ豆腐」は、オアフ島で60年以上もお豆腐を作り続けている老舗です。天然にがりを使用する昔ながらの製法を守っており、ラインアップは「SOFT」「FIRM」の2種類。ホノルルにある工場は事前予約をすれば見学できます。絹ごし豆腐や木綿豆腐はもちろん、おぼろ豆腐、おから、油揚げ、厚揚げ、お豆腐を使った惣菜や納豆も人気です。

http://www.aloha-tofu.com/

## マウイ島

豆腐マイスター　井上惠子さんよりレポート

「玉城豆腐」さんのお豆腐は沖縄の島豆腐に似た硬さですが、塩味はありません。ベジタリアン、ビーガンの多いハワイでは、豆腐は貴重なタンパク源。硬さによって「SOFT」「REGULAR」「EXTRA」があります。大豆は大手スーパーで手に入りますが、日本ほど甘味のある大豆は多くありません。高級スーパーでは新鮮で品質の良い大豆が手に入ります。(IZAKAYA GENBE 経営)

http://genbe.ikidane.com/

 ## スイス

豆腐マイスター　池田万里子さんよりレポート

ベジタリアンの多いスイスでは豆腐が普及しています。近年ではお肉を食べる人まで消費者層が広がっており、スーパーやデパートでも簡単に手に入ります。「Genossenschaft Tofurei Engel」(豆腐屋、天使という意味)は創業37年のお豆腐屋さん。日本の海水由来のにがりを使用し、良質な材料と手作りにこだわっています。隣国イタリアの有機大豆を長年付き合いのある契約農家から直接仕入れており、水は近隣の湧き水と地下水を併用。味付け豆腐はスプラウト入り、マリネ豆腐、燻製風味、マスタード風味などラインアップも豊富です。

http://www.engel-tofu.ch/

 ## イタリア

豆腐マイスター　澤井英里さんよりレポート

近年はイタリアでも肉食離れの傾向があり、手軽にタンパク質を摂取できる豆腐の需要は高くなっています。リコッタチーズの代わりに使うなど、現状ではチーズの代用品として使われることが多いですが、最近はおからを使ったクッキーなどを自家生産するお菓子屋さんも増えています。ローマの「大谷豆腐」は1992年、日本から機材を導入した大谷さんが創業した豆腐店。現代表の Fabio Marongiu（ファビオ・マランジュ）さんは BIO の大豆を使ったお豆腐やおからを製造しています。

http:// tofu-bio-otani.com/

豆腐を美味しくいただきましょう

# 豆腐の調味料

### ● カメリナオイル

カナダの大自然で育ったカメリナサティバ（アブラナ科の植物）を、昔ながらのコールドプレス製法（低温圧搾）でていねいに搾った無添加、無精製の一番搾り（エキストラバージン）。オメガ３・オメガ６・オメガ９の割合が２：１：２とバランスに優れ、お豆腐独特の大豆の甘味を引き立ててくれるオイルです。加熱に強いのも特長のひとつなので、レシピのオリーブオイルをカメリナオイルに置き換えてもよいと思います。

http://camelinaoil.co/

### ● 赤マルソウ特級醤油

しょうゆはお豆腐と合う代表的な調味料のひとつ。沖縄の老舗調味料メーカー、赤マルソウの特級醤油は厳選された原料をもとに、半年間じっくり熟成させた奥深い味わいが特長です。保存料・甘味料不使用、豊かな香りと澄んだ色のJAS規格特級醤油。

http://www.akamarusou.co.jp/

### ● 北谷の塩　　沖縄北谷自然海塩株式会社

素材の味を引き立たせるカルシウムを豊富に含んだ、味わいのある極上のお塩です。北谷町宮城海岸沖合から引いた清冽な海水を原料に、環境に配慮して精製された沖縄の県産品。あらゆる料理と相性抜群です。

http://www.nv-salt.com/

# 1

## 絹ごし豆腐のレシピ

温性のショウガ、熱性のネギなど体を温めるスパイスを。
## プレーン冷ややっこ

材料（2人分）
- 絹ごし豆腐…200g ◀軽く水切りして2等分
- しょうゆ…適量
- 大葉…2枚
- A
  - 青ねぎ…1/3本 ◀小口切り
  - おろしショウガ…少々

作り方
1. 器に大葉を敷いて豆腐を入れる。
2. Aをのせてしょうゆでいただく。

パリパリきゅうりともっちりエビのハーモニー。
## エビときゅうりのやっこ

材料（2人分）
- 絹ごし豆腐…200g ◀軽く水切りして2等分
- エビ…2尾
- きゅうり…適量 ◀薄い輪切り
- しょうゆ…適量

作り方
1. エビは背ワタと殻を取り、熱湯でゆでて冷ます。
2. きゅうりを器に並べて豆腐をのせ、1をおく。
3. しょうゆでいただく。

アンチョビの旨味が豆腐にしみ込みます。
## イタリアン冷ややっこ

材料（2人分）
- 絹ごし豆腐…200g ◀軽く水切りして2等分
- ミニトマト…1個 ◀4等分にする
- A
  - グリーンオリーブ…1個 ◀粗みじん切り
  - ブラックオリーブ…1個 ◀粗みじん切り
  - アンチョビ…1枚 ◀粗みじん切り
  - オリーブオイル…大さじ1/2
  - 塩コショウ…少々

作り方
1. Aを軽く混ぜ合わせる。
2. 豆腐を器に入れて1とミニトマトをのせる。

やちむん・美咲特別支援学校高等部

絹ごし豆腐

キラキラジュレが涼しげな一皿。
## アミューズジュレやっこ

材料（2人分）
- 絹ごし豆腐…200g ◀軽く水切り
- きゅうり…1/4本 ◀5mm角に切る
- パプリカ(赤・黄)…各20g ◀5mm角に切る
- A ┬ 水…70cc
  ├ アガー*…4g
  └ ポン酢…大さじ1/2

＊海藻を原料とした粉末状のゼリーの素。

作り方
1. 鍋にAを入れ、よく混ぜてから火にかけ、混ぜながら加熱する。
2. 沸騰したら火を弱めてさらに1分加熱し、バットに流し入れて冷やし固める。
3. 2にきゅうりとパプリカを加え、スプーンで崩しながら混ぜる。
4. それぞれのグラスに豆腐を崩して盛り、3をかける。

和風香味野菜で食欲増進。
# 梅ソースで和風サラダ

材料（2人分）
- 絹ごし豆腐…400g ◀軽く水切り
- きゅうり…20g ◀薄い輪切り
- 赤玉ねぎ…1/8個 ◀薄い輪切り
- ミニトマト（赤・オレンジ）…各1個 ◀4等分
- 大葉…2枚 ◀千切り

A
- 白ごま…適量
- 水…大さじ2
- みりん…大さじ2
- オリーブオイル…大さじ1
- ショウガ…1/2片 ◀千切り
- 梅干し…4個 ◀種を取り包丁で叩く

作り方
1. 器にきゅうり、赤玉ねぎ、豆腐、ミニトマトを盛り付ける。
2. Aを混ぜ合わせてソースを作る。
3. 1に2をかけて大葉をのせる。

やちむん・陶器工房 壹

絹ごし豆腐

バゲットとの相性抜群なパテ。水分が出てくるので2日で食べ切りましょう。

## スモークサーモンのパテ

材料（2人分）

A
- 絹ごし豆腐…300g ◀ しっかり水切り
- スモークサーモン…60g
- レモン汁…大さじ1
- オリーブオイル…小さじ2
- 塩…小さじ1/2
- ピンクペッパー…少々 ◀ 粒のままで

作り方
1. フードプロセッサーでAをなめらかになるまで撹拌する。
2. 1を器に入れて冷蔵庫で冷やし、ピンクペッパーをのせる。

## アボカドのパテ

材料（2人分）

A
- 絹ごし豆腐…300g ◀ しっかり水切り
- アボカド…1個 ◀ 皮と種を取る
- レモン汁…大さじ1
- 粉チーズ…大さじ1
- マヨネーズ…大さじ1
- 塩…小さじ1/2
- ブラックペッパー…少々 ◀ 挽いて使用

作り方
1. フードプロセッサーでAをなめらかになるまで撹拌する。
2. 1を器に入れて冷蔵庫で冷やし、ブラックペッパーを振る。

豆腐をレンジで温めてから焼くと、
しっかり熱が通ります。

## やみつきCHEESE豆腐

材料（2人分）
- 絹ごし豆腐…400g ◀軽く水切りして2等分
- 溶けるスライスチーズ…2枚
- コショウ…少々

作り方
1. 豆腐を耐熱容器に入れ、溶けるスライスチーズをのせてコショウを振る。
2. 1をレンジで1分加熱し、トースターでチーズが溶けるまで焼く。

新崎家の定番おつまみです♪

## 絶品おつまみ たぬきやっこ

材料（2人分）
- 絹ごし豆腐…300g ◀軽く水切りして2等分
- めんつゆ(ストレート)…50cc
- A
  - 青ネギ…10g ◀小口切り
  - 桜エビ…大さじ1
  - 揚げ玉…20g
  - 刻みのり…適量
- 紅ショウガ…大さじ1

作り方
1. 器にめんつゆを注ぎ、豆腐を入れる。
2. 1にAをのせ、紅ショウガを添える。

やちむん・ばん陶房 大宙窯

絹ごし豆腐

ふわふわ豆腐にカニかまがベストマッチ。
## カニ玉豆腐

材料（2人分）
- 絹ごし豆腐…400g ◀軽く水切り
- カニかまぼこ…4本（48g）
- 水…200cc
- 白だし…小さじ2
- 卵…1個 ◀溶いておく
- ごま油…小さじ1
- 塩コショウ…適量
- 水溶き片栗粉…片栗粉小さじ2＋水大さじ1
- 青ネギ…20g ◀小口切り

作り方
1. 鍋に水を沸かして白だしを入れ、豆腐とカニかまぼこを崩しながら加える。
2. ごま油を加えて塩コショウで味を調え、沸騰したら水溶き片栗粉を加える。
3. とろみが付いたら溶き卵を回し入れて火を止める。
4. 器に盛り付け、青ネギをかける。

冷めてもふわふわな生地はお豆腐のおかげです。
# TOFU入りピザ生地でサラダPIZZA

材料（直径25cm 1枚分）
- 強力粉…160g
- 薄力粉…40g
- A
  - 絹ごし豆腐…150g ◀水切り不要
  - ドライイースト…小さじ1
  - 砂糖…小さじ1
  - 塩…小さじ1/2
  - オリーブオイル…大さじ1
- ピザソース…適量
- 溶けるチーズ…適量
- トッピング
  （生ハム・フリルレタス・ベビーリーフ）…適量

作り方
1. 強力粉と薄力粉をボウルに入れ、Aを加えてフォークで混ぜ合わせる。
2. ひとかたまりになったらまな板の上に取り出し、手でこねてなめらかにする。
3. 2をボウルに戻し、ラップをかける。
4. オーブンは180℃に予熱しておく。
5. 3が1.5倍の大きさに膨らんだらクッキングシートの上に取り出し、軽くガス抜きをして麺棒で伸ばし、表面にフォークで穴を開ける。
6. オーブンで5分焼き、ピザソースを塗って溶けるチーズをのせ、さらに7分程度焼く。
7. こんがり焼けたら皿に取り出し、カットしてからトッピングをのせる。

やちむん・陶器工房 壹

名前の通りササッと作れるうれしい一品。
# 豆腐と卵のササッとどんぶり

材料（2人分）
- 絹ごし豆腐…300g ◀軽く水切り
- インゲン豆…4本 ◀スジを取って3等分
- 卵…2個 ◀溶いておく
- ご飯…茶わん2杯分
- だし汁…200cc
- A
  - 酒…大さじ1
  - しょうゆ…大さじ1
  - みりん…大さじ1
  - きび砂糖…大さじ1

作り方
1. 鍋にだし汁を沸かしてAを加える。
2. 1に豆腐を崩しながら入れ、インゲン豆を加える。
3. 火が通ったら溶き卵を回し入れて火を止める。
4. どんぶりにご飯を盛り、3をのせる。

絹ごし豆腐

やちむん・ぱん陶房 大宙窯

定番にしたいスープ。
## 豆腐とコーンの中華スープ

材料（2人分）
- 絹ごし豆腐…200g ◀軽く水切り
- 缶詰コーン…100g
- 卵…2個 ◀溶いておく
- 鶏がらスープ…400cc
- ごま油…小さじ1
- 塩コショウ…適量
- 水溶き片栗粉…片栗粉小さじ2＋水大さじ1

作り方
1. 鍋に鶏がらスープを沸かし、コーンを入れる。
2. 1に豆腐を崩しながら入れ、塩コショウで味を調えてごま油を加える。
3. 沸騰したら水溶き片栗粉を加え、とろみが付いたら溶き卵を回し入れて火を止める。

トマトの酸味とトロトロ豆腐が食欲をそそります。
## リコピンふんわりスープ

材料（2人分）
- 絹ごし豆腐…200g ◀軽く水切り
- トマト…1個 ◀食べやすく切る
- オクラ…1本 ◀輪切り
- 卵…2個 ◀溶いておく
- 水…400cc
- しょうゆ…小さじ1
- 塩コショウ…適量

作り方
1. 鍋に水を沸かし、沸騰したらしょうゆ、トマト、オクラを入れる。
2. 1に豆腐を崩しながら入れ、塩コショウで味を調える。
3. 2に溶き卵を回し入れて火を止める。

濃厚ゴマスープが豆乳でヘルシーに。
# ごまタップリ豆乳坦々豆腐

材料（2人分）
- 絹ごし豆腐…500g ◀軽く水切り
- 水…200cc
- 無調整豆乳…300cc
- しょうゆ…大さじ2
- ごま油…小さじ2
- 白練りごま…大さじ3
- 小松菜…50g
   ▲下ゆでして食べやすく切る
- 糸唐辛子…少々
- 塩コショウ…適量
- 合いびき肉…200g

A
- おろしニンニク…小さじ1
- おろしショウガ…小さじ1
- 豆鼓醤（トウチジャン）…大さじ2
   ▲赤みそでも可
- みりん…大さじ1
- 酒…大さじ1
- 豆板醤（トウバンジャン）…小さじ1
- オイスターソース…小さじ1
- 塩コショウ…少々

作り方
1. 合いびき肉をフライパンで炒め、合わせておいたAを加えてなじませる。
2. 別の鍋に水を沸かし、無調整豆乳を加えて温める。
3. 2に豆腐、しょうゆ、ごま油、白練りごまを加えて塩コショウで味を調える。
4. 器に盛り付け、1と小松菜、糸唐辛子をのせる。

簡単に作れる本格チゲ。
# チゲ風 SPICY 鍋

絹ごし豆腐

材料（2人分）
- 絹ごし豆腐…400g ◀軽く水切り
- 豚バラ肉…200g
- しいたけ…2個
  ▲いしづきを切り落とし食べやすく切る
- 白菜キムチ…100g
- 白ねぎ…1本 ◀1cmの斜め切り
- モヤシ…200g
- ニラ…20g ◀4cmに切る
- 油揚げ（長方形）…1枚
  ▲油抜きをして食べやすく切る

A
- 水…800cc
- みそ…大さじ2
- しょうゆ…大さじ2
- 豆板醤（トウバンジャン）…大さじ1
- ごま油…小さじ1

作り方
1. 土鍋にA以外の材料を並べ入れる。
2. Aを加えて煮立たせる。
3. 豚バラ肉に火が通ったら火を止める。

旬の野菜をディップして。
# 豆腐のマヨネーズ風ソース

### 材料(作りやすい分量)
- 絹ごし豆腐…300g ◀軽く水切り
- 酢…大さじ2〜 ◀お好みで加減
- フレンチマスタード…大さじ1
- きび砂糖…小さじ1
- みそ…小さじ1
- 塩…小さじ1/3
- オリーブオイル…大さじ2

### 作り方
1. オリーブオイル以外の材料をミキサーにかける。
2. 1がなめらかになったらオリーブオイルを加え、さらに撹拌する。

絹ごし豆腐

やちむん・ぱん陶房 大宙窯

時間が経っても柔らかさをキープ。
# TOFU de みたらし団子

材料（2人分）
- 絹ごし豆腐…50g ◀軽く水切り
- 白玉粉…50g
- きび砂糖…大さじ1/2
- A
  - きび砂糖…大さじ4
  - 水…大さじ4
  - しょうゆ…大さじ1
  - 片栗粉…大さじ1/2
- 竹串…6本

作り方
1. ボウルに白玉粉ときび砂糖を入れてよく混ぜる。
2. 1に絹ごし豆腐を加え、軟らかくなるまで手でこねる（水分量は手をぬらしながら調整）。
3. 2が耳たぶくらいの柔らかさになったら18等分にして丸く成形する。
4. 鍋にたっぷりの湯を沸かして3を入れ、浮いてきたら30秒待ってざるに取り出す。
5. 4を3つずつ竹串に刺す。
6. フライパンでAを熱し、とろみが付いたら火を止めて5にからめる。

やちむん・茜陶房

アレンジは自由自在。
## 基本のTOFUクリーム

材料（作りやすい分量）
・絹ごし豆腐…200g ◀軽く水切り
・メイプルシロップ…大さじ3 ◀お好みで調整
・バニラエッセンス…適量

作り方
1. すべての材料をミキサーにかける。

絹ごし豆腐

フレッシュフルーツと豆腐クリームのヘルシーボウル。
## トロピカルフルーツチアシード

材料（2人分）
- TOFUクリーム（☞26P）…200g
- チアシード…大さじ2 ◀水100ccで戻し一晩おく
- トロピカルフルーツ…適量 ◀チョイスはお好みで
- グラノーラ…適量

作り方
1. 器にTOFUクリームを入れ、その他の材料をトッピングする。

ヘルシーなクリームがパンケーキを包みます。
## ココナッツクリームパンケーキ

材料（2人分）
- TOFUクリーム（☞26P）…200g
- ココナッツミルク…60cc
- メイプルシロップ…適量
- ミント…適量
- SOY MILKパンケーキ（☞64P）…6枚

作り方
1. TOFUクリームにココナッツミルクを混ぜ合わせる。
2. SOY MILKパンケーキに1とメイプルシロップをかけ、ミントを添える。

絹ごし豆腐

イタリアンドルチェをお豆腐で♪
# ヘルシーティラミス

材料（2人分）
- A
  - ・絹ごし豆腐…200g ◀しっかり水切り
  - ・無調整豆乳…40cc
  - ・クリームチーズ…100g ◀常温に戻す
  - ・レモン汁…大さじ2
  - ・きび砂糖…50g
- ・濃い目のコーヒー…30cc
- ・きび砂糖…小さじ2
- ・ビスケット…8枚
- ・純ココア…適量

作り方
1. 濃い目のコーヒーにきび砂糖を溶かし、ビスケットを浸す。
2. Aをフードプロセッサーに入れ、なめらかに撹拌する。
3. 器に1を敷き、2を流し入れる。
4. 3を冷蔵庫で2時間冷やし固め、純ココアを振りかける。

やちむん・茜陶房

卵・乳製品アレルギーの方も安心のアイス。
## チョコバナナアイス

材料（2人分）
・絹ごし豆腐…300g ◀ しっかり水切り
・冷凍バナナ…2本
・純ココア…大さじ3
・黒糖…大さじ3

作り方
1. 豆腐と冷凍バナナをフードプロセッサーにかける。
2. 純ココア、黒糖を加えてさらに撹拌し、バットに入れて1時間ほど冷凍する。
3. 2をフォークなどで崩しながら混ぜ、さらに1時間冷凍する。

絹ごし豆腐

やちむん・茜陶房

「トウホア」と読む台湾スイーツです。

## フルーツ豆花

材料（2人分）
- 絹ごし豆腐…300g ◀軽く水切り
- ゆで小豆…80g
- マンゴー…100g ◀食べやすく切る
- クコの実…少々
- A ・黒糖…50cc
    ・水…200cc

作り方
1. Aを鍋に入れて火にかけ、黒糖が溶けたら火を止めて冷ます。
2. 器に豆腐を入れて1をかけ、ゆで小豆とマンゴー、クコの実をのせる。

TOFU magic 31

## 「豆腐よう」って知ってる？

沖縄が琉球と呼ばれた時代に、中国との交易の中で伝来した豆腐の発酵食品「腐乳」が元になって生まれました。琉球オリジナルの形に変化を遂げた「豆腐よう」は、身分の高い人しか口にできなかった高級珍味です。ウニのような濃厚な甘みがやみつきになりますよ♪

(株)紅濱の豆腐よう商品「唐芙蓉」
http://www.benihama.jp/

# 2

## 木綿豆腐
### （島豆腐・おぼろ豆腐）
## のレシピ

点心も豆腐を入れるとフワッフワに♪
# ローカロリーシューマイ

## 材料（2人分）
- 島豆腐または木綿豆腐…100g
  ▲しっかり水切り
- 豚ひき肉…150g
- 白ねぎ…1/2本 ◀みじん切り
- シューマイの皮…15枚 ◀5mm幅に切る
- A
  - おろしショウガ…小さじ1/4
  - オイスターソース…大さじ1/2
  - ごま油…小さじ1/2
  - 片栗粉…大さじ1
  - 塩…ひとつまみ

## 作り方
1. ボウルに豆腐を崩しながら入れ、豚ひき肉、白ねぎを加えてしっかり混ぜ合わせる。
2. 1にAを入れ、粘りが出るまで練る。
3. 2を12等分して丸め、シューマイの皮をまんべんなくまぶす。
4. セイロにクッキングシート（キャベツや白菜でも代用可）を敷き、3を互いにくっつかないように並べ入れ、中火で10～12分蒸す。

木綿豆腐

丸ごと豆腐をスキレットでいただく熱々の一皿。
## アチコーコー麻婆豆腐

### 材料（2人分）
- 島豆腐または木綿豆腐…300g ◀軽く水切り
- 豚ひき肉…150g
- 白ねぎ…1/2本　みじん切り
- おろしニンニク…小さじ1/2
- おろしショウガ…小さじ1/2
- 塩コショウ…適量
- ごま油…小さじ1
- 豆板醤（トウバンジャン）…小さじ1〜 ◀お好みで
- 水…200cc
- 水溶き片栗粉…片栗粉大さじ1＋水大さじ2
- 青ねぎ…20g ◀小口切り
- 糸唐辛子…適量
- A
  - みそ…大さじ1
  - しょうゆ…大さじ1
  - きび砂糖…大さじ1
  - オイスターソース…大さじ1

### 作り方
1. フライパンにごま油、おろしニンニク、おろしショウガを熱し、豚ひき肉と白ねぎを炒める。
2. 1に水とAを加えて煮詰め、塩コショウで味を調える（豆板醤はお好みで）。
3. 2に水溶き片栗粉を加えてとろみをつける。
4. 豆腐を丸ごと入れて2分ほど加熱し、なじんだら青ねぎ、糸唐辛子をのせる。

スパイシーなビアハムとチーズの春巻。

## イタリアン春巻

材料（2人分）
・島豆腐または木綿豆腐…300g ◀ しっかり水切り
・春巻の皮…4枚
・ビアハム…4枚
・溶けるスライスチーズ…4枚
・グリーンオリーブ…4個　スライス
・揚げ油…適量
・水溶き片栗粉…片栗粉大さじ1＋水大さじ1

作り方
1. 豆腐はスティック状に4等分する。
2. 春巻の皮にビアハム、溶けるスライスチーズ、豆腐、グリーンオリーブの順に重ねて包む。
3. 巻き終わりを水溶き片栗粉でしっかり留め、揚げ油を170～180℃に熱して揚げる。

大葉と明太子が相性バツグンな春巻。

## 和風春巻

材料（2人分）
・島豆腐または木綿豆腐…300g ◀ しっかり水切り
・春巻の皮…4枚
・大葉…4枚
・明太子…2腹 ◀ ほぐしておく
・揚げ油…適量
・水溶き片栗粉…片栗粉大さじ1＋水大さじ1

作り方
1. 豆腐はスティック状に4等分する。
2. 春巻の皮に大葉、豆腐、明太子の順に重ねて包む。
3. 巻き終わりを水溶き片栗粉でしっかり留め、揚げ油を170～180℃に熱して揚げる。

やちむん・美咲特別支援学校高等部

木綿豆腐

やちむん・陶器工房 壹

THE ★ 沖縄ソウルフード!!
## GO-YAちゃんぷる～

**材料(2人分)**
- 島豆腐または木綿豆腐…300g ◀ しっかり水切り
- ゴーヤー…1本(300g) ◀ ワタと種を取り薄切り
- ニンジン…1/3本(100g) ◀ 細切り
- 豚バラ肉(薄切り)…200g ◀ 食べやすく切る
- 卵…1個 ◀ 溶いておく
- 削りがつお…適量
- しょうゆ…小さじ2
- 酒…大さじ1
- オリーブオイル…大さじ1
- 塩コショウ…適量

**作り方**
1. フライパンにオリーブオイルを熱し、豚バラ肉を炒める。
2. 豆腐を食べやすく切って1に加え、焼き色が付いたらゴーヤーとニンジンを加える。
3. 2にしょうゆ、酒を加えてふたをし、中火で1分蒸し焼きにする。
4. ふたを開け強火にして水分を飛ばし、削りかつおと溶き卵を加えて塩コショウで味を調える。

TOFU magic 37

車麩がお肉のような食感に!
# お肉みたいなふ〜ちゃんぷる〜

材料(2人分)
- 島豆腐または木綿豆腐…200g ◀ しっかり水切り
- 車麩(くるまふ)…1本(30g)
- ニンジン…1/4本(100g) ◀ 細切り
- ニラ…50g ◀ 3cmに切る
- 卵…1個 ◀ 溶いておく
- 削りがつお…適量
- しょうゆ…小さじ2
- オリーブオイル…大さじ2
- 塩コショウ…適量

作り方
1. ちぎった車麩をボウルに入れ、水に浸す。
2. 1を絞って溶き卵をからめ、塩コショウをふりかける。
3. フライパンにオリーブオイル大さじ1を熱して2を炒め、焦げ目がついたら取り出す。
4. 同じフライパンにオリーブオイル大さじ1を熱してニンジン、ニラを炒める。
5. 豆腐を崩しながら4に加え、焼き色が付いたら削りがつおを加えてなじませる。
6. しょうゆと塩コショウで味を調える。

やちむん・茜陶房

定番ちゃんぷる〜をピリ辛アレンジ。
# ピリ辛 TOFU ちゃんぷる〜

材料(2人分)
- 島豆腐または木綿豆腐…300g ◀ しっかり水切り
- キャベツ…200g
- キムチ…70g
- 豚バラ肉(薄切り)…200g ◀ 食べやすく切る
- オリーブオイル…大さじ1
- 塩コショウ…適量

作り方
1. フライパンにオリーブオイルを熱し、豚バラ肉を炒める。
2. 豆腐を崩しながら1に加え、焼き色が付いたらキャベツと半量のキムチを加える。
3. 塩コショウで味を調えて器に盛り、残りのキムチをのせる。

やちむん・茜陶房

木綿豆腐

沖縄家庭料理の定番、具だくさん味噌汁。

# 沖縄風味噌汁

材料(2人分)
- 島豆腐または木綿豆腐…200g ◀ 軽く水切り
- 豚バラ肉…100g ◀ 食べやすく切る
- 卵…2個
- ニンジン…50g ◀ 細切り
- キャベツ…30g ◀ 食べやすく切る
- ニラ…50g ◀ 3cmに切る
- かつおのだし汁…600cc
- みそ…大さじ3〜

作り方
1. かつおのだし汁にニンジンを入れて火にかける。
2. 沸騰したらキャベツ、ニラ、豚バラ肉の順に加える。
3. 豆腐を食べやすく切って2に加え、アクを取りながら煮る。
4. 野菜類に火が通ったら火を弱めてみそを溶く。
5. 卵を加えて1分加熱し、火を止める。

ハンダマはアントシアニンが豊富な野菜です。
# 葉野菜の白和え〈ハンダマ〉

材料(2人分)
・島豆腐または木綿豆腐…200g ◀ しっかり水切り
・ハンダマ(水前寺菜)…100g ◀ 葉のみ
A ┌ ・ツナ缶…45g ◀ 油を切る
　├ ・マヨネーズ…大さじ2
　└ ・塩コショウ…適量

作り方
1. ボウルに豆腐を入れ、マッシャーでつぶす。
2. ハンダマは熱湯で1分ゆで、しっかり水切りして食べやすく切る。
3. 1に2とAを加えて混ぜ合わせる。

やちむん・ぱん陶房 大宙窯

程よい苦みがやみつきに。
# 葉野菜の白和え〈ヨモギ〉

材料(2人分)
・島豆腐または木綿豆腐…200g ◀ しっかり水切り
・ヨモギ…20g ◀ 葉のみ
A ┌ ・ツナ缶…45g ◀ 油を切る
　├ ・しょうゆ…小さじ2
　├ ・塩コショウ…適量
　└ ・白すりごま…小さじ2

作り方
1. ボウルに豆腐を入れ、マッシャーでつぶす。
2. ヨモギは熱湯で30秒ゆで、しっかり水切りして食べやすく切る。
3. 1に2とAを加えて混ぜ合わせる。

サラダ感覚の白和えです。
# ITALIANな白和え

材料(2人分)
・島豆腐または木綿豆腐…200g ◀ しっかり水切り
・ミニトマト…1個 ◀ 4等分
A ┌ ・ドライバジル…小さじ1
　├ ・オリーブオイル…大さじ1
　├ ・アンチョビ…1枚 ◀ みじん切り
　├ ・グリーンオリーブ…2個 ◀ みじん切り
　└ ・塩コショウ…適量

作り方
1. ボウルに豆腐を入れ、マッシャーでつぶす。
2. 1にAを加えて和え、器に入れてミニトマトを添える。

お箸が止まらなくなるほどの美味しさ!
# わが家のワンパク炒り豆腐

木綿豆腐

やちむん・茜陶房

### 材料(2人分)
- 島豆腐または木綿豆腐…200g ◀ しっかり水切り
- 玉ねぎ…1/2個 ◀ 粗みじん切り
- ブロッコリー…50g ◀ 粗みじん切り
- ハム…2枚 ◀ 5mm角に切る
- コーン缶…50g
- 水…100cc
- オリーブオイル…小さじ2
- A ┬ 塩…小さじ1/2
    ├ カレーパウダー…小さじ1/2
    └ コショウ…少々

### 作り方
1. フライパンにオリーブオイルを熱し、玉ねぎ、ブロッコリー、ハム、コーンを炒める。
2. 1に水を加え、豆腐を崩しながら入れる。
3. 2にAを加え、水分がなくなるまで炒め煮にする。

チーズのような濃厚さです。

# TOFUのオイル漬け

**材料（作りやすい分量）**
・島豆腐または木綿豆腐…150g
　▲1cm角に切ってから水切り
・オリーブオイル…適量
A ┬・お好みのハーブ
　 　（セージ、ローズマリーなど）…適量
　 ├・塩…小さじ1/2
　 ├・唐辛子…1本（種を取る）
　 └・コショウ…少々

**作り方**
1. 保存するビンを煮沸し、Aと豆腐を入れる。
2. 材料がかぶる程度のオリーブオイルを注ぎ、一晩漬け込む。

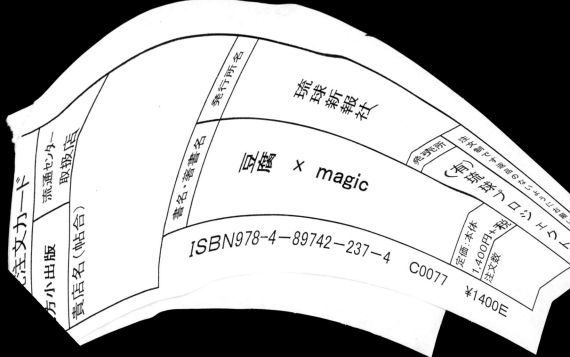

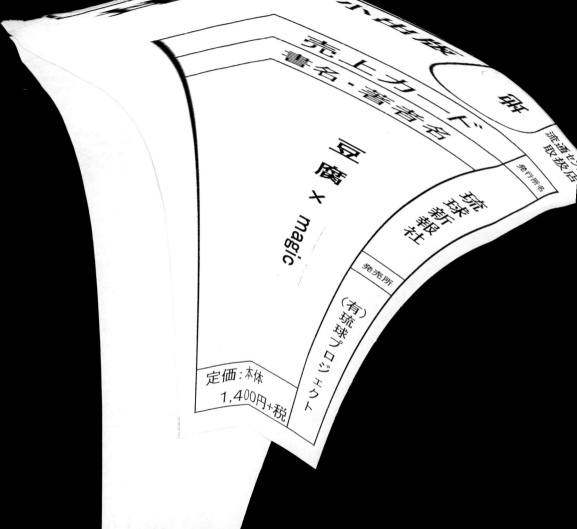

木綿豆腐

## 揚げ出し豆腐・モズクあん

トロトロの磯の香りがたまりません。

## 揚げ出し豆腐いろいろ

食感の違いを楽しみましょう。

材料（作りやすい分量）
- 絹ごし豆腐…200g ◀軽く水切り
- おぼろ豆腐またはゆし豆腐…200g ◀軽く水切り
- 島豆腐または木綿豆腐…200g ◀軽く水切り
- 片栗粉…適量
- 揚げ油…適量
- めんつゆストレート…適量
- 薬味（刻みのり・おろしショウガ・青ねぎ）…適量

作り方
1. 豆腐類は食べやすく切って片栗粉をまぶし、180℃の揚げ油でからりと揚げる。
2. めんつゆストレートをかけ、薬味をのせる。

材料（2人分）
- お好みの揚げ出し豆腐（右記）…2人分
- 生モズク…100g
- めんつゆストレート…適量

作り方
1. 鍋にめんつゆストレートとモズクを入れて温める。
2. お好みの揚げ出し豆腐にのせる。

やちむん・茜陶房

TOFU magic

やちむん・ぱん陶房 大宙窯

崩れにくい黄金配合です。
## ふんわりハンバーグ

材料（2人分）
- 木綿豆腐…200g ◀軽く水切り
- A
  - 鶏ひき肉…200g
  - 小麦粉…小さじ1
  - おろしショウガ…小さじ1/2
  - おろしニンニク…小さじ1/2
  - 塩コショウ…少々
  - オリーブオイル…小さじ2
- B
  - ケチャップ…大さじ2
  - 水…大さじ2
  - ウスターソース…大さじ1
  - 白ワイン…大さじ1
  - きび砂糖…小さじ1
- 付け合わせ（レタス・ミニトマト）…適量

作り方
1. 豆腐をマッシャーでつぶしてAを混ぜ合わせ、6等分して成形する。
2. フライパンにオリーブオイル（分量外）を熱して1を焼く。
3. 軽く焼き色が付いたら裏返し、ふたをして弱火で4分焼いて取り出す。
4. 余分な油をキッチンペーパーで拭き取り、混ぜたBを中火で軽く煮詰める。
5. 付け合わせとともに3を器に盛り、4をかける。

お子様ランチ風に楽しんで♪
## 冷凍TOFUでさっくり唐揚げ

材料（2人分）
- 木綿豆腐…400g ◀パックのまま冷凍し冷蔵庫で解凍
- A
  - 酒…大さじ2
  - しょうゆ…大さじ1
  - おろしショウガ…小さじ1/2
  - おろしニンニク…小さじ1/2
- B
  - 薄力粉…大さじ4 ◀片栗粉と合わせておく
  - 片栗粉…大さじ4
- 揚げ油…適量

作り方
1. 解凍した豆腐をひと口サイズにちぎり、水分がなくなるまで手で絞る。
2. Aと1をビニール袋に入れ、崩れないようにやさしくもみ込む。
3. 2にBをまぶし、揚げ油を180℃に熱してからりと揚げる。

木綿豆腐

やちむん・茜陶房

チーズを存分にかけて召し上がれ。
## タコ TOFU ライス

材料（2人分）
- 木綿豆腐…200g ◀軽く水切り
- 合いびき肉…200g
- タコスシーズニング…20g
- トマト…1個 ◀角切り
- レタス…適量 ◀細切り
- ピザ用チーズ…適量
- ご飯…茶わん2杯分

作り方
1. フライパンを熱し、合いびき肉を炒めてタコスシーズニングを加える。
2. 1に豆腐を崩しながら入れ、水分を飛ばすように炒める。
3. ご飯に2、ピザ用チーズ、トマト、レタスをのせる。

ご飯のおともにいかがでしょう。
## テリヤキ TOFU

### 材料（2人分）
- 木綿豆腐…400g ◀軽く水切り
- 片栗粉…適量
- 豆苗…10g ◀食べやすく切る
- A
  - しょうゆ…大さじ1
  - きび砂糖…大さじ1
  - みりん…大さじ1
  - 酒…大さじ1
- オリーブオイル…大さじ2

### 作り方
1. 豆腐に片栗粉をまぶし、フライパンにオリーブオイルを熱して両面こんがり焼く。
2. 余分な油をキッチンペーパーで拭き取り、Aを加えてなじませる。
3. 器に盛り、豆苗をのせる。

木綿豆腐

やちむん・陶器工房 壹

外はカリッと、中はフワッと。
## TOFUのベジ焼き〈お好み焼き風〉

材料（2人分）
- 木綿豆腐…150g ◀軽く水切り
- A
  - 卵…1個
  - キャベツ…200g ◀1cm角
  - 青ねぎ…50g ◀小口切り
  - 小麦粉…60g
  - 削り節…2g
  - 桜エビ…5g
  - 紅ショウガ…10g
  - 水…50cc
- オリーブオイル…大さじ2
- トッピング
  （ソース・マヨネーズ・青のり・削り節）…適量

作り方
1. ボウルに豆腐を入れてマッシャーでつぶし、Aを加えて混ぜ合わせる。
2. 小さなフライパンにオリーブオイルを熱し、1の半量を入れてふたをする。
3. 焼き色が付いたら裏返して蒸し焼きにする。2枚目も同様に焼く。
4. 3を皿に盛り、トッピングをのせる。

☞生地が柔らかいので具材は大きめに。小さく焼くときれいに裏返せます。

TOFU magic 47

沖縄料理の定番、お年寄りから赤ちゃんまで。
# だし汁でいただくゆし豆腐

材料（2人分）
・ゆし豆腐またはおぼろ豆腐…200g ◀ザルにあけておく
・かつおのだし汁…200cc
・青ねぎ…10g ◀小口切り

作り方
1. 鍋にかつおのだし汁を沸かし、ゆし豆腐を加えてひと煮立ちさせる。
2. 1を器に入れ、青ねぎをのせる。

やちむん・茜陶房

木綿豆腐

やちむん・陶器工房 壹

三枚肉の代わりにゆし豆腐をのせて。

# ゆし豆腐そば

材料（2人分）
- ゆし豆腐またはおぼろ豆腐…200g
  ▲ザルにあけておく
- かつおのだし汁…600cc ◀濃いめ
- 沖縄そばの麺…400g
- 白だし…大さじ2
- しょうゆ…大さじ1〜
- 薄焼き卵…1個分 ◀細切り
- 青ねぎ…30g ◀小口切り
- 紅ショウガ…適量

作り方
1. 鍋にかつおのだし汁を沸かし、白だしを加えてしょうゆで味を調える。
2. 沖縄そばの麺を湯通しして器に盛り、ゆし豆腐をのせる。
3. 2に1を注ぎ、薄焼き卵、青ねぎ、紅ショウガをのせる。

## 豆腐ってどれを選べばいいの？

　最もポピュラーな輸入大豆製、ややプレミアムな奨励品種の国産大豆製、最もレアな在来種の国産大豆製など、100円程度のものから500円程度のものまで価格帯に開きがあるお豆腐。昔ながらの職人さんによる伝統的な製法、高度な技術を用いた工場での大量生産など、製法の違いも価格差の要因になります。味わいや仕上がりもさまざまなので、いろいろ食べ比べてみるのも楽しいですね。

# 3

## 厚揚げ・油揚げのレシピ

＊レシピ中の厚揚げは、1枚130gを基準にしています。

## 厚揚げのチリソース

コロコロの厚揚げがエスニックに。

材料（2人分）
- 厚揚げ…1枚 ◀油抜きをして1.5cm角に切る
- レタス…適量
- A ┃ ・スイートチリソース…大さじ2
    ┃ ・マヨネーズ…大さじ2

作り方
1. フライパンを熱し、厚揚げをこんがり焼く。
2. Aを合わせて1と和え、レタスを敷いた器に盛る。

やちむん・美咲特別支援学校高等部

## ヘルシー魯肉飯

定番の台湾料理もお豆腐で。

やちむん・茜陶房

材料（2人分）
- 厚揚げ…1枚 ◀油抜きをして1cm角に切る
- ご飯…茶わん2杯分
- ゆで卵…1個 ◀半分に切る
- 高菜漬け…適量 ◀みじん切り
- 酒…50cc
- オリーブオイル…小さじ2
- A ┃ ・しょうゆ…大さじ2
    ┃ ・黒砂糖…大さじ2
    ┃ ・五香粉…小さじ1/2
    ┃ ・オイスターソース…小さじ2

作り方
1. フライパンにオリーブオイルを熱し、厚揚げを炒める。
2. 1に酒を加え、アルコールを飛ばすように焼く。
3. 2にAを加え、水分がなくなるまで弱火で炒める。
4. ご飯の上に3、ゆで卵、高菜漬けをのせる。

厚揚げ・油揚げ

ついついワインがすすむ一品。
# 厚揚げのアヒージョ

材料（2人分）
- 厚揚げ…1/2枚 ◀油抜きをして1.5cm角に切る
- ブロッコリー…1/8株 ◀下ゆで
- レンコン水煮…50g ◀食べやすく切る
- アンチョビフィレ…1枚 ◀細かく切る
- おろしニンニク…小さじ1
- 唐辛子…1本 ◀種を取る
- 塩…小さじ1/2
- オリーブオイル…適量

作り方
1. スキレットにすべての材料を入れ、オリーブオイルを半分の深さまで注ぐ。
2. 中火で4分加熱する。

やちむん・ばん陶房 大宙窯

ビールや日本酒、泡盛の肴にどうぞ♪
# 明太グリル

材料（2人分）
・厚揚げ…1枚 ◀油抜きをして6等分に切る
A ┬・明太子…2腹
　└・マヨネーズ…大さじ3
・青ねぎ…10g ◀小口切り

作り方
1. Aを混ぜ合わせ、厚揚げの表面に塗る。
2. 1をオーブントースターで10分程度焼き、青ねぎをのせる。

厚揚げ・油揚げ

手軽にできるおつまみはいかが♪
# 油揚げ PIZZA

材料（2人分）
・油揚げ（正方形）…6枚◀油抜きをする
・ピザソース…大さじ4
・溶けるチーズ…適量
・サラミ…30g
・ブラックオリーブ…3個◀薄切り

作り方
1. 油揚げにピザソースを塗り、溶けるチーズをのせる。
2. 1をトースターでチーズが溶けるまで焼く。
3. サラミとブラックオリーブをのせる。

ボリューム満点、だけど低糖質。
# 油揚げのワンパクサンド

材料（2人分）
・油揚げ（長方形）…4枚 ◀ 油抜きをする
・キャベツ…100g ◀ 千切り
・赤キャベツ…100g ◀ 千切り
・ゆで卵…2個
・スライスチーズ…4枚
・マヨネーズ…適量

作り方
1. 油揚げは水分をしっかり絞り、フライパンでこんがり焼く。
2. ラップを広げ、油揚げ→マヨネーズ→キャベツ→赤キャベツ→スライスチーズ→ゆで卵→スライスチーズ→赤キャベツ→キャベツ→マヨネーズ→油揚げの順にのせる。
3. ラップで2をしっかり包んで10分ほどなじませ、半分に切る。

# 4

## 豆乳のレシピ

やちむん・(大) 茜陶房
(小) 美咲特別支援学校高等部

弱った胃腸には優しいおかゆを。
# 豆乳がゆ

材料（2人分）
- 無調整豆乳…200cc
- 水…200cc
- ご飯…茶わん1杯分
- クコの実…適量
- 塩…小さじ1/4
- A ┌ ザーサイ…20g ◀食べやすく切る
  ├ 油揚げ（正方形）…1枚
  │   ◀油抜きをして食べやすく切る
  └ 青ねぎ…適量 ◀小口切り

作り方
1. 鍋にご飯と水を入れて中火にかける。
2. 水気がなくなったら無調整豆乳を加え、弱火で加熱する。
3. 焦げ付かないようにときどき混ぜ、お好みの柔らかさになるまで加熱する。
4. 塩を加えて器に盛り、クコの実をのせる。Aのトッピングはお好みで。

こってりラーメンも豆乳だからヘルシー。
# 豚骨風ラーメン

豆乳

## 材料（2人分）
- 無調整豆乳…200cc
- かつおのだし汁…500cc ◀濃いめ
- 中華麺…2玉分
- A
  - しょうゆ…大さじ1
  - オイスターソース…大さじ1
  - みりん…小さじ2
  - ごま油…大さじ1
- 塩コショウ…適量
- ゆで卵…2個 ◀半分に切る
- 青ねぎ…20g ◀小口切り
- トッピング（紅ショウガ・メンマ）…適量

## 作り方
1. 鍋にかつおのだし汁を沸かし、Aを加える。
2. 沸騰したら無調整豆乳を加え、塩コショウで味を調える。
3. 別の鍋で中華麺をゆでる。
4. 器に3の麺を入れて2を注ぎ、ゆで卵、青ねぎ、トッピングをのせる。

冷製でも温製でもGOOD♪
## トマトの豆乳ポタージュ

材料(2人分)
- 完熟トマト…2個 ◀湯むきして乱切り
- 玉ねぎ…1/2個 ◀薄切り
- ニンニク(みじん切り)…小さじ1/2
- 水…200cc
- 無調整豆乳…200cc
- オリーブオイル…大さじ1
- 塩コショウ…適量
- クルトン…適量

作り方
1. 鍋にオリーブオイル、ニンニク、玉ねぎを入れて炒める。
2. 1に水とトマトを加え、5分程度中火にかけて火を止める。
3. 粗熱が取れたらミキサーにかけ、鍋に戻し加熱する。
4. 3に無調整豆乳を加え、塩コショウで味を調える。
5. 器に入れ、クルトンをのせる。

冬瓜はむくみ解消効果があります。
## 冬瓜の豆乳ポタージュ

材料(2人分)
- 冬瓜…200g ◀ワタと種を取り薄切り
- 玉ねぎ…1/2個 ◀薄切り
- ニンニク(みじん切り)…小さじ1/2
- 水…適量
- 無調整豆乳…200cc
- オリーブオイル…大さじ1
- 塩コショウ…適量
- ドライパセリ…適量

作り方
1. 鍋にオリーブオイル、ニンニク、玉ねぎを入れて炒める。
2. 1にかぶる程度の水と冬瓜を加え、軟らかくなるまで加熱して火を止める。
3. 粗熱が取れたらミキサーにかけ、鍋に戻し加熱する。
4. 3に無調整豆乳を加え、塩コショウで味を調える。
5. 器に入れ、ドライパセリをかける。

体の芯から温まりましょう。
# クラム SOY チャウダー

豆乳

材料(2人分)
- 無調整豆乳…200cc
- 水…200cc
- あさり（むき身）…50g
- 玉ねぎ…1/2個 ◀粗みじん切り
- ニンニク（みじん切り）…小さじ1/2
- A ┌ じゃがいも…1/2個
     ・ ブロッコリー…1/6株
     └ ニンジン…1/2本
- 薄力粉…大さじ2
- 塩コショウ…適量
- オリーブオイル…大さじ2

作り方
1. Aは下ゆでしてサイコロ状に切る。
2. 鍋にオリーブオイル、ニンニク、玉ねぎを入れて炒める。
3. 2に薄力粉を加えてなじませ、水を少しずつ加える。
4. 3にあさりと1を加える。
5. ひと煮立ちしたら無調整豆乳を加え、塩コショウで味を調える。

ヨモギは血圧を下げ、体を温めます。
# ヨモギの豆乳ポタージュ

材料(2人分)
- ヨモギ（葉のみ）…60g ◀軽くゆでる
- 玉ねぎ…1/2個 ◀薄切り
- ニンニク（みじん切り）…小さじ1/2
- 水…200cc
- 無調整豆乳…200cc
- オリーブオイル…大さじ1
- 塩コショウ…適量
- クルトン…適量

作り方
1. 鍋にオリーブオイル、ニンニク、玉ねぎを入れて炒める。
2. 1に水とヨモギを加え、5分程度煮込んで火を止める。
3. 粗熱が取れたらミキサーにかけ、鍋に戻し加熱する。
4. 3に無調整豆乳を加え、塩コショウで味を調える。
5. 器に入れ、クルトンをのせる。

やちむん・（右上・左下）茜陶房
　　　　　（左上・右下）ばん陶房 大宙窯

アレンジ自在な豆乳のホワイトソース。
## 基本の
## ホワイト豆乳ソース

### 材料（作りやすい分量）
・無調整豆乳…400cc
・薄力粉…大さじ2
・塩…小さじ1/2
・白コショウ…少々
・バター…15g ◀お好みで

### 作り方
1. 鍋に無調整豆乳を入れて薄力粉をふるい、塩と白コショウを加えて泡立て器でしっかり混ぜる。
2. 1を火にかけ、木ベラで混ぜながら弱火で2分程度加熱する。
3. とろみが付いたら火を止め、お好みでバターを加える。

コクのあるトマトクリームです。
## トマトクリームの
## ショートパスタ

### 材料（2人分）
・基本のホワイト豆乳ソース(上記)…400cc
・トマトソース…大さじ3
・お好みのショートパスタ…160g
・ベーコン…2枚 ◀5mm幅に切る
・ニンニク（みじん切り）…小さじ1/4
・オリーブオイル…小さじ2
・ドライパセリ…少々

### 作り方
1. ショートパスタを表示通りゆでる。
2. 基本のホワイト豆乳ソースにトマトソースを混ぜる。
3. フライパンにオリーブオイルとニンニクを熱し、ベーコンを炒める。
4. 2に3を入れ、1を加えてなじませる。
5. 器に盛り、ドライパセリをふりかける。

基本のホワイト豆乳ソースでラザニアも！
# ナスとトマトのラザニア

材料（2人分）
- 基本のホワイト豆乳ソース（左記）…400cc
- ナス…2本 ◀5mm幅に輪切り
- トマト…2個 ◀5mm幅に輪切り
- オリーブオイル…大さじ2
- 溶けるチーズ…50g
- 塩コショウ…少々
- ドライパセリ…少々

作り方
1. オリーブオイルでナスを軽く炒め、塩コショウをふりかける。
2. 耐熱容器に基本のホワイト豆乳ソース、トマト、1、溶けるチーズの順に重ねて入れる。
3. 180℃のオーブンで20分ほど焼き、チーズが溶けたらドライパセリをふりかける。

豆乳

いつものトーストをおめかししましょ♪
# ホワイトCHEESEトースト

材料（2人分）
・基本のホワイト豆乳ソース（☞62P）…200cc
・食パン…2枚
・ハム…2枚
・溶けるチーズ…適量
・黒コショウ…少々

作り方
1. 食パンにハムをのせ、基本のホワイト豆乳ソースを塗る。
2. 溶けるチーズをのせ、黒コショウをふりかける。
3. オーブントースターでこんがり焼く。

濃厚なのにカロリーダウンなのは豆乳だから。
# カルボナーラ風パスタ

材料（2人分）
・基本のホワイト豆乳ソース（☞62P）…400cc
・卵黄…2個
・ベーコン…4枚 ◀5㎜幅に切る
・ニンニク（みじん切り）…小さじ1/4
・オリーブオイル…小さじ2
・ロングパスタ…160g
・黒コショウ…少々

作り方
1. ロングパスタを表示通りゆでる。
2. 基本のホワイト豆乳ソースに卵黄を混ぜる。
3. フライパンにオリーブオイルとニンニクを熱し、ベーコンを炒める。
4. 2に3を入れ、1を加えてなじませる。
5. 器に盛り、ブラックペッパーをふりかける。

豆乳

むらさき色がキレイな一杯。
## ブルーベリー&チアシードの SOY スムージー

材料（2人分）
・無調整豆乳…200cc
・冷凍ブルーベリー…100g
・メイプルシロップ…お好みで
・チアシード……大さじ2 ◀水100ccで戻し一晩おく

作り方
1. グラスにチアシードを注ぐ。
2. 冷凍ブルーベリーと無調整豆乳をミキサーにかける。
3. 1のグラスに静かに注ぎ、お好みでメイプルシロップをかける。

紅白のツートンカラーがキュートな一杯。
## マンゴー&ラズベリーの SOY スムージー

材料（2人分）
・無調整豆乳…300cc
・冷凍マンゴー…100g
・冷凍ラズベリー…70g
・メイプルシロップ…お好みで

作り方
1. 冷凍ラズベリーと無調整豆乳の半量、メイプルシロップ（お好みで）をミキサーにかけ、グラスに注ぐ。
2. 冷凍マンゴーと残りの無調整豆乳をミキサーにかけ、1に静かに注ぐ。

卵なしでもふんわり感が楽しめます。

# SOY MILK パンケーキ

材料（2人分）
- 無調整豆乳…200cc
- A
  - 薄力粉…140g
  - きび砂糖…大さじ2
  - ベーキングパウダー…大さじ1
- バニラエッセンス…少々
- メイプルシロップ…適量
- お好みのフルーツ
  （パイナップル、キウイ、ドラゴンフルーツ
  など）…適量

作り方
1. Aをボウルに入れ、泡立て器で混ぜ合わせる。
2. 無調整豆乳、バニラエッセンスを加えてさっくり混ぜる。
3. フッ素加工のフライパンを熱し、2をそっと流し込む。
4. プツプツと表面に穴が空いたら裏返し、両面を焼く。
5. 皿に盛り付けてお好みのフルーツを添え、メイプルシロップをかける。

ホワイトチョコと豆乳の濃厚なプリンです。
# 豆乳のスノーホワイトチョコプリン

## 材料（2人分）
- 無調整豆乳…200cc
- ホワイトチョコ…50g
- きび砂糖…大さじ1+1/2
- ゼラチン液……2.5g
  ▲水大さじ1でふやかしておく

## 作り方
1. 鍋に無調整豆乳と砕いたホワイトチョコ、きび砂糖を入れて中火にかける。
2. ホワイトチョコが溶けたら火を止め、ゼラチン液を入れてよく混ぜ合わせる。
3. 粗熱が取れたら容器に入れ、冷蔵庫で冷やし固める。
4. ③が固まったらホワイトチョコ（分量外）をナイフで削ってトッピングする。

## おからを有効活用しましょう！

　お豆腐を作る際に大量に出る副産物、おから。栄養価は豊富なのになかなか食としての利用が追いついていないのが現状です。毎月何トンも出るおからを半分でも食材として再利用できれば、廃棄されるおからがどれだけ減ることでしょう。

　おからを使ったお茶はクセがなくて飲みやすく、ノンカフェインだから子どもや妊婦さんにも安心。私の料理教室でも、P76でご紹介している「おから茶」を毎回生徒さんにお出ししています。

　おからでみそを作ったり、お菓子やお料理に利用したりと、おからの再生に努める事業者も増えています。沖縄市の「川上食品」は、県内で唯一「おからパウダー」の生産に力を入れているお豆腐屋さん。「おかこ茶」というおから茶の新製品も発売しています。また「一般社団法人おから再活研究所」でも、おからの有効活用に積極的に取り組んでいます。

おからパウダー

川上食品　http://www.kawakamishokuhin.jp
一般社団法人おから再活研究所　http://okarabo.com

# 5

## おからのレシピ

やちむん・美咲特別支援学校高等部

きっと、おからが好きになる味。
# カレー風味のおから煮

材料（2人分）
- 生おから…200g
- ニンジン…1/4本 ◀みじん切り
- ニラ…30g ◀食べやすく切る
- かつおのだし汁…400cc
- しょうゆ…大さじ1
- みりん…大さじ2
- 酒…大さじ2
- カレーパウダー…小さじ1/2
- 塩コショウ…適量

作り方
1. 鍋にかつおのだし汁、しょうゆ、みりん、酒、ニンジンを入れて火にかける。
2. ニンジンに火が通ったら生おからを加えて煮込む。
3. ニラを加え、お好みの水分量になるまで煮込む。
4. カレーパウダーを加え、塩コショウで味を調える。

おから

生おからが主役になれる一品です。
## おからと豆のカレー

材料（2人分）
- 生おから…100g
- 合いびき肉…200g
- 玉ねぎ…1/2個 ◀みじん切り
- おろしニンニク…小さじ1/2
- ミックスビーンズ…150g
- カットトマト…200g ◀缶詰
- 水…100cc
- カレールー…2片（40g）
- オリーブオイル…大さじ1
- 塩コショウ…適量
- ご飯…茶わん2杯分
- 付け合わせ
  （レタス・きゅうり・トマトなど）…適量

作り方
1. フライパンにオリーブオイル、玉ねぎ、おろしニンニクを入れて炒める。
2. 1に合いびき肉を加え、さらに炒める。
3. 2にカットトマトと水を加えてひと煮立ちさせる。
4. 火を弱めてカレールーを加える。
5. 4にミックスビーンズと生おからを加え、塩コショウで味を調える。
6. 器にご飯を盛って5をのせ、付け合わせを添える。

便秘解消効果抜群のサラダ！
# おからのヘルシーサラダ
ポテト / パンプキン / ヨーグルト

材料（2人分）
- 生おから…50g
- じゃがいも…1個 ◀軟らかくなるまで加熱
- A
  - ゆで卵…1個 ◀粗みじん切り
  - ニンジン…30g ◀ゆでて食べやすく切る
  - ブロッコリー…30g ◀ゆでて食べやすく切る
- マヨネーズ…大さじ3
- 無調整豆乳…大さじ4～ ◀硬さで加減する
- 塩コショウ…適量

作り方
1. じゃがいもはマッシャーでつぶす。
2. 1に生おからとAを加え、マヨネーズと無調整豆乳で和える。
3. 塩コショウで味を調える。

＊　＊　＊

材料（2人分）
- 生おから…50g
- かぼちゃ…100g ◀皮をむき軟らかくなるまで加熱する
- 枝豆（さやなし）…30g
- マヨネーズ…大さじ3
- 無調整豆乳…大さじ4～ ◀硬さで加減する
- 塩コショウ…適量

作り方
1. かぼちゃはマッシャーでつぶす。
2. 1に生おからと枝豆を加え、マヨネーズと無調整豆乳で和える。
3. 塩コショウで味を調える。

＊　＊　＊

材料（2人分）
- 生おから…100g
- きゅうり…1/4本 ◀いちょう切り
- ハム…1枚 ◀5㎜角に切る
- プロセスチーズ…20g ◀5㎜角に切る
- A
  - 無調整豆乳…大さじ3～ ◀硬さで加減する
  - ヨーグルト…大さじ3
  - 粒マスタード…大さじ1
- 塩コショウ…適量

作り方
1. 生おからは耐熱容器に入れ、ラップをしてレンジで加熱する（600Wで2分）。
2. 1にきゅうり、ハム、プロセスチーズを加え、Aで和える。
3. 塩コショウで味を調える。

中東の料理もおからが主役♪
## おからのフムス

材料（2人分）
- 生おから…100g
- ヨーグルト…100cc〜 ◀硬さで加減する
- おろしニンニク…小さじ1/2
- マヨネーズ…大さじ1〜
- オリーブオイル…小さじ2
- ドライバジル…小さじ1
- 塩コショウ…小さじ1/2

作り方
1. すべての材料を混ぜ合わせる。
2. 塩コショウで味を調える。

ポテトみたいな新感覚！
## おからのクリーミーマッシュ

材料（2人分）
- 生おから…200g
- 片栗粉…20g
- A ・溶けるチーズ…40g
　　・バター…大さじ1〜
- 無調製豆乳…300cc
- 塩コショウ…適量

作り方
1. 生おからと片栗粉を混ぜておく。
2. 鍋に無調整豆乳を温め、1とAを加えてよく混ぜる。
3. とろみが付いたら塩コショウで味を調える。

ちびっこ大好き！ヘルシースナック。
## おからのポテトフライ風

材料（2人分）
- A
  - 生おから…100g
  - 薄力粉…50g
  - 無調整豆乳…大さじ2〜 ◀硬さで加減する
  - マヨネーズ…大さじ2
- 塩…適量
- 揚げ油…適量

作り方
1. Aをボウルに入れ、しっかり混ぜ合わせる。
2. まな板にラップを敷き、1を7mm程度の厚さに延ばす。
3. さらにラップを敷き、その上から包丁でポテトフライの形に切る。
4. 180〜190℃の揚げ油で3をきつね色になるまで揚げ、塩をふる。

これがおから⁉ 美味しさにビックリ。
## おからのふんわりナゲット

材料（2人分）
- 島豆腐または木綿豆腐…300g ◀しっかり水切り
- A
  - 生おから…200g
  - おろしニンニク…小さじ1/2
  - オイスターソース…小さじ1/2
  - マヨネーズ…大さじ3〜 ◀硬さで加減する
  - 片栗粉…大さじ3
  - 塩…小さじ1/2
  - コショウ…少々
- 揚げ油…適量

作り方
1. ボウルに豆腐を入れてマッシャーでしっかりつぶす。
2. 1にAを加えてよく混ぜ、俵形に成形する。
3. 180〜190℃の揚げ油で②をきつね色になるまで揚げる。

おから

やちむん・美咲特別支援学校高等部

おからタップリのお餅です。
## おからの磯辺餅風

材料（2人分）
- 生おから…100g
- 片栗粉…50g
- 無調整豆乳…100cc
- A
  - 塩…ひとつまみ
  - しょうゆ…大さじ2
  - 酒…大さじ2
  - みりん…大さじ2
- オリーブオイル…適量
- 焼きのり…適量

作り方
1. 生おから、片栗粉をボウルに入れて軽く混ぜる。
2. 1に無調整豆乳を加えてよく混ぜる。
3. 2を平たい三角形に成形し、フライパンにオリーブオイルを熱して両面を焼く。
4. 大さじ3の水（分量外）を加えてふたをし、弱火で1分間蒸し焼きにする。
5. Aを加えてからめ、焼きのりではさむ。

フワッフワな新食感のさつま揚げ。
## おからのさつま揚げ

材料（2人分）
- A
  - 生おから…100g
  - はんぺん…2枚(140g)
  - 片栗粉…大さじ1
  - 無調整豆乳…150cc
  - 塩…小さじ1/4
- ニンジン…20g ◀粗みじん切り
- ひじき…2g ◀水で戻す
- 大葉…3枚 ◀粗みじん切り
- 揚げ油…適量

作り方
1. フードプロセッサーにAを入れて撹拌する。
2. 1をボウルに移し、ニンジン、ひじき、大葉を加えてゴムベラで混ぜ合わせる。
3. 2を俵形に成形し、180～190℃の揚げ油できつね色になるまで揚げる。

温かくても冷たくても美味しい♪
## おから茶

### 材料(2人分)
- 乾燥おから…100g

### 作り方
1. フライパンを熱し、乾燥おからを木ベラで混ぜながら中火で乾煎りする。
2. コーヒー色になってきたら火を止めて粗熱を取る。
3. 大さじ2杯程度をティーバッグに詰め、急須に入れてお湯を注ぐ。

腸がよろこぶヘルシー素材。
## おからのクッキー

### 材料(2人分)
- 生おから…60g
- 薄力粉…120g
- きび砂糖…大さじ5
- なたね油…大さじ3

### 作り方
1. すべての材料をビニール袋に入れてひとかたまりにする。
2. オーブンシートを広げて1をのせ、5㎜程度の厚さに延ばす。
3. 2にラップをかぶせて型抜きをし、ラップを除いてオーブンシートごと天板にのせる。
4. 160℃に予熱したオーブンで3を15分焼く。
   ＊焼き色が付くと硬くなるので注意。

罪悪感ゼロでパクパク食べちゃう。
# 低糖質のガトーショコラ

### 材料(2人分)
・生おから…50g
・ベーキングパウダー…小さじ1
・純ココア…15g
・黒糖…20g
・卵…1個
・豆乳…50cc

### 作り方
1. ベーキングパウダーと純ココアを混ぜておく。
2. 生おからと黒糖をボウルに入れ、スプーンの背でおからをつぶすように混ぜ合わせる。
3. 2に卵と豆乳を入れ、1を加えてよく混ぜる。
4. 3をシリコン型に8分目まで入れ、レンジで加熱する(500Wで3分)。
 *加熱時間は型の大きさによって変わります。

池田食品に行ってきました！

# お豆腐ができるまで

START!

沖縄・西原町にある「有限会社池田食品」は、商品の8割を移動販売に切り替えた先進的なお豆腐屋さん。アチコーコー（熱々）の島豆腐はどうやって作られるの？ 同社三代目の瑞慶覧宏至さんに工場を案内していただきました。

**1** 大豆をふやかす。

**7** 島豆腐を切り分けているところ。

**6** 機械でプレスして固め、島豆腐にする。

▲池田食品の「島豆富」

**8** フライヤーで揚げると厚揚げになる。

78 TOFU magic

▲塩とニガリ

② ふやけた大豆を圧搾し、豆乳とおからに分ける。

③ 豆乳を地釜で沸かし、80℃まで冷めてから塩とニガリを打つ。

⑤ 布を敷いた型枠におぼろを詰め、布で包む。

④ 15分ほど熟成させ、クンス（汁）とおぼろに分ける。

丸ごと詰めれば▶
「ゆし豆腐」

⑨ 豆腐や惣菜を積み込んで、いざ出発！

Let's GO

商品の大半をスーパーに卸していた頃と比べ、返品・廃棄が大幅に減り「かえって作る量は減りましたよ」と語る瑞慶覧さん。環境にやさしい豆腐づくり、これからも応援しています！

瑞慶覧宏至さん

TOFU magic 79

## あとがき

　長男が1歳半の時に発達障害と診断され、暗く出口のないトンネルから抜け出せずにいました。息子の偏食に悩み、不安で未来が見えない自分たちの境遇に毎日泣いてばかり…。そんな私と家族に希望を与えてくれたのは〈お料理〉でした。この仕事のおかげで「自分にもできることがある」という喜び、将来の希望、そして何より家族の笑顔を取り戻すことができました。いま笑顔でいられるのは、たくさんのお料理の仕事に恵まれ、それを伝えることで他の人が笑顔になってくれるからです。

　数年前から(一社)日本豆腐マイスター協会の料理講師として活動しており、お豆腐の魅力をより多くの方に知っていただきたくなりました。沖縄はもちろん県外、海外の方にも、日本の伝統的なスーパーフードのお料理をお伝えする機会をいただき大変うれしく思います。沖縄市で小さな料理教室を始めてから13年、いろいろな思いの詰まった『豆腐×magic』を形にするチャンスをくださった関係者の皆様へ、こんな私の夢に全力でお手伝いいただけたことをこの場を借りて御礼申し上げます。

**調理・スタイリング**
新崎亜子

**調理アシスタント**
大木綾子（食空間コーディネーター）
當眞梨乃（食育豆腐インストラクター）
中山要美（食育豆腐インストラクター）
小林直子（食育豆腐インストラクター）

**食 器**
陶器工房 壹
ばん陶房 大宙窯
茜陶房
美咲特別支援学校高等部

**撮 影**
福里さやか（料理）
屋比久光史（資料／取材）

**デザイン**
宮里郁江（MIYA designs）
新城さゆり（新星出版）

**編 集**
石田奈月（新星出版）

---

## 豆腐× magic（とうふマジック）

2018年10月2日　初版第1刷発行

著　者　　新崎　亜子
発 行 者　　玻名城泰山
発 行 所　　琉球新報社
　　　　　〒900-8525 沖縄県那覇市泉崎1-10-3
　　　　　電話（098）934-2270
問 合 せ　　琉球新報社読者事業局出版部
　　　　　電話（098）865-5100
発　　売　　琉球プロジェクト
印 刷 所　　新星出版株式会社

Ⓒ琉球新報社 2018 Printed in Japan
ISBN978-4-89742-237-4 C0077

定価はカバーに表示してあります。万一、落丁・乱丁の場合はお取り替えいたします。
※本書の無断使用を禁じます。